男のええ加減料理

60歳からの超入門書

石蔵文信
循環器科専門医・大阪樟蔭女子大学教授

講談社

目次

「男のええ加減料理」が、人生を楽しくする! 4

「男のええ加減料理」の決まり事 8

自立レベル1 初級

豚にらもやし 14

あさりの酒蒸し 16

エコゆで卵 17

実作業時間5分の缶詰さば大根 18

塩こうじ はりはり風餃子鍋 20

簡単すぎる和風シューマイ煮込み 22

定番鍋焼きうどん 24

出ました! おかず豚汁 26

自立レベル2 初級〜中級

なんちゃって圧力土鍋の豚の角煮 30

妻よりうまい肉じゃが 32

本当にできる魚の煮つけ 34

省エネおでん 36

テレビでおなじみ 白菜+豚ばら 38

最後に豆乳を投入する豆乳鍋 40

自立レベル3 中級

クラムチャウダーとちゃうか? 44

トマト鍋ととろーりオムライス風 46

次の日がうまいカレー 48

欲張り麻婆なす豆腐 50

油なしの中華丼 52

シチューらしい 54

きのこいっぱいあんかけ豆腐 56

完全自立レベル

本格ロールキャベツ 60

掟破りの煮込みハンバーグツグツ 62

暇なときの手作り皮の餃子鍋 64

具だくさん がっつりグラタン 66

時間勝負の卵料理

なんちゃって 明石焼き 68

すが入ってもへっちゃら!
湯せんなしの小田巻き蒸し 70

男の土鍋めし

鯛めし 74

孫が喜ぶ炊き込みご飯 76

胃に優しい雑炊 78

パエリアもどき 80

土鍋活用術

燻製3品 84

本格石焼き芋 86

ど根性土鍋カステラ 88

ドクター石蔵の「自炊」のススメ 90

この本の使い方

味つけ調味料

使う調味料と分量です。「○○の素」などそれだけで味が決まる調味料の場合は、今回使用した商品の写真を掲載していますが、同種の調味料であれば問題ありません。掲載している分量は目安です。同種の調味料でもメーカーによって味に濃淡があるので、ご自分で「おいしい」と思う味になるよう調節してください。

調理時間

調理にかかるおおよその時間を示しています。

材料

使う材料と分量です。写真で使用分量の目安を示しています。水、サラダ油などの写真は載せていません。「適宜」は、あれば入れるものです。

自立レベル 1
あさりの酒蒸し
調理時間 15分
代謝機能が弱った肝臓のために
味つけ調味料
塩（適宜）
材料
あさり…約20個
にら…2わ
しめじ…適量
酒…カップ1/2（100㎖）
にら
しめじ
あさり
材料を切る
にらは6㎝ほどの長さに切る。しめじは石づき（柄の先端のややかたい部分）を取ってほぐす。
1
鍋に酒、あさり、にら、しめじを入れる。好みで塩少々をふる。
あさりは、事前に海水くらいの濃度の塩水に一晩つけて、「砂抜き」をする。
2
ふたをして蒸す。
中火にかけ、グツグツしてきたら弱火にして約7分蒸し、火を止める。さらに2～3分蒸らしてでき上がり。
16

アドバイス

調理のコツやポイントを紹介しています。

洗い物マーク

鍋以外の調理道具を洗って片づけておけば、食べ終わった後のめんどうが少なくなります。

ゴミ捨てマーク

煮えるのを待つ間などに野菜の皮などのゴミをまとめておきましょう。

作り方

右から順を追って作り方を説明しています。作りはじめる前に全体の流れを把握するようにしましょう。

材料の切り方

写真の切り方を参考にしてください。

「男のええ加減料理」が、人生を楽しくする!

医者が料理を勧める理由

関西を中心に、「男のええ加減料理教室」を2006年から開催している石蔵です。私は、内科・循環器科の専門医です。若いころは救急病院（国立循環器病研究センターや大阪警察病院）で昼夜関係なく治療にあたっていました。

そんな私が性機能と循環器疾患の関係について研究を始めたのが20年前。周囲からは「変わり者」と言われ、無視されていました。しかし、1999年3月に日本で発売された「バイアグラ」で事態は一変しました。バイアグラと心臓の関係を危惧する声が高まる一方で、そのことに関して研究している医師は当時はほとんどおらず、私の研究が急に脚光を浴びたのです。

多くの男性の悩みを受け止めるため、バイアグラを処方する外来を設立し、〝男性更年期外来〟と命名しました。すると、勃起不全の患者さん以外に、うつ状態の男性が多く受診に訪れるようになったのです。予想外の反応に対し、私は「日本心療内科学会」や「日本うつ病学会」に所属して、精神科医のアドバイスを受けながら治療をするようにしました。

診察をしていく中で注目したのが、うつ病の男性を支えている奥様の存在。夫を看病する妻の体調管理は重要な課題です。そこにも気を配るべく、夫婦そろってのカウンセリングや治療を始め、その経験をまとめた書籍『夫源病 こんなアタシに誰がした』を出版したところ、大きな話題となりました。

「たかが昼食」と侮《あなど》ることなかれ

中でも、妻の〝昼食うつ〟が最近大きな問題となっていることを、女性専用の更年期外来の医師に指摘されました。「亭主元気で留守がいい」状態から、日中も夫に束縛されることにより、うつ状態（「主人在宅ストレス症候群」）になってしまうのです。一方、定年後の男性は、最初のうちは旅行や趣味で楽しく過ごせますが、次第にやることがなくなり、うつ状態になります（「定年後うつ」）。

さまざまな夫婦の問題を見ていく中で、「定年後の夫が昼食を作れれば、夫婦ともに、うつ状態から脱するのではないか？」と考えたのが、私が料理教室を始めたきっかけです。最初は、参加者が定員に満たない状態でしたが、最近では募集後数日で定員オーバーになることが多く、時代が変わってきたのを実感しています。

作るのは自分が食べる分だけ。少々失敗しても気にしない

料理教室を始めたころは、一般の料理教室と同じように、3～4人ひと組で3～4品（例えば、肉じゃが・焼き魚・サラダ・みそ汁）を作っていたのですが、何度か教室を開催しているうちに、この方法はあまりよくないのではないかと思うようになりました。グループの中には必ず料理に精通した人がいて、ほかの参加者に指図をします。指図を受けて動いているだけでは、調理工程全体がわからず、いざ自宅で作ろうと思っても作れないのです。

さらに、数種類の調味料（しょうゆ・砂糖・塩　みりんなど）を使うことがむずかしい、教室と同じ4人分なら作れるが1人分は作れない、調理道具や食器を出しすぎて片づけるのが億劫になる、といったことから、せっかく教室に参加しても自宅では作らないことがわかりました。

また、夫の料理に対する妻の関心は、料理の中身ではなく、終わった後に台所が元のように片づいているか否か。「片づけができないなら、料理なんて作ってほしくない」というのが本音でしょう。このようなさまざまな問題点を解決するために、料理教室のスタイルを変えることにしました。

新しいスタイル（要点は左の表を参照）の料理教室は、定年後の男性に大変好評でした。開催後のアンケートを見ると、「一人でできるので気を遣わない」「自分のペースでできた」「次の日にさっそく試してみた」など思いもかけない感想をいただき、このやり方が間違っていないことを確信しました。簡単にできるので毎日作るのも苦になりません。

さらに、一緒に指導してくれた女性職員たちから「働く女性にも、とても役に立つ」と言われ、もっとメニューを増やしてほしいという要望が多く寄せられたのです。そこで、当時勤務していた大阪大学の出版会から『Dr.石蔵の男の家庭科維新塾』をネットで配信したところ、次第に料理教室開催の要望が増え、新たに「男のええ加減料理」を教えるサポーターを募集して、現在は各地で活躍していただいています。

今回は講談社からさらにバージョンアップした料理本を作りたい（当初は本気とは思えませんでしたが……）との依頼を受けて、ちょうど２０１３年から赴任した大阪樟蔭女子大学学芸学部健康栄養学科の調理室をお借りして撮影し、出版に至りました。

料理を楽しむことで、ポジティブな生活を取り戻せます

私は医者であり、調理の教育を受けたことがないので、中には非常識に思われる調理法があるかもしれません。経験者なら当たり前と思うことがあるかもしれません。私たちの教室は今までほとんど料理をしたことがない男性を対象にしており、まずは料理に親しんでもらうのを第一の目的としています。そのため、この本には馬鹿らしいと思えるほど超初心者向けのことから書いています。少し常識と違うこともあるとは思いますが、そのあたりはご容赦ください。「？」と思われた箇所も、ある程度料理ができるようになられたときに、修正していただければ幸いです。

まずは、料理をすることを苦痛に感じるのではなく、「楽しい」と実感してください。栄養バランスが考え抜かれた宅配の弁当を食べ続けるよりも、自分で作ることが生きる力になるでしょう。おいしいと感じて食べることが、体にも心にも栄養になるのです。ちょっとした時間に、自分のために料理を作ろうと思っていただければ、この本を出版した甲斐があります。

２０１４年６月
石蔵文信

「男のええ加減料理」の決まり事

１　一人で一からすべて責任を持って調理する
２　原則、味つけ調味料は１種
３　調理と食器を兼ねた土鍋を使う
４　使う道具は最小限、だから片づけが簡単
５　人（妻）に振る舞わない

「男のええ加減料理」の決まり事

一人で一からすべて責任を持って調理する

妻に頼らずに、自分一人で作るということが重要です。できれば材料も自分でスーパーなどに買いに行ってください。家にあるもので作る場合には、必ず妻の許可を得ること。

材料の調達、調理、後片づけまで、誰の手もわずらわすことなく完結させてください。

原則、味つけ調味料は1種

基本的には「○○の素」など、それだけで味が決まる調味料を使います。ですから味つけに迷う心配はありません。多少失敗しても、食べられないような味には絶対にならないはずです。

調理と食器を兼ねた土鍋を使う

食べ終わってゆっくりしたいのに、流しには洗い物の山……。これでは料理をするのがいやになります。極力洗い物を減らすために、調理道具と食器の機能を兼ね備えた土鍋を使います。土鍋なら、そのまま食卓に置いてもサマになり、また料理が冷めにくいという利点もあります。

使う道具は最小限、だから片づけが簡単

台所は妻の「城」。そこをお借りするわけですから、使う前と同じ状態に戻さなければいけません。「男のええ加減料理」は、使う道具を最小限にしているので片づけも楽チンです。作りながら片づけておけば、食べ終わった後に片づけをするわずらわしさも激減します。

人（妻）に振る舞わない

自分で食べるので、見た目や味に気を遣う必要はありません。味つけも自分好みでいいのです。味が濃ければ、食べる量を減らして塩分量を調整すればいいだけ。材料も食べやすいようにザクザク切ればいいと考えると、気が楽になりませんか。

使う道具

土鍋

1人用鍋の6号サイズ。料理に慣れないうちは、割るかもしれないので、手頃な値段のものから使いはじめましょう。

包丁

自宅にあるものでOK。切れ味が悪いときには、砥ぎ器を使って砥ぐこと。切りやすくなれば料理が楽しくなります。

菜箸

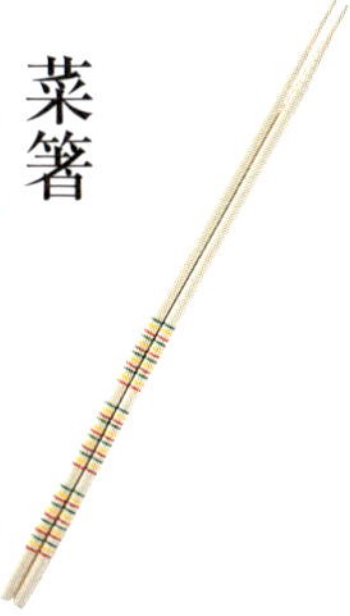

いつもの箸でそのまま調理すると、慣れない作業でやけどをします。長い菜箸を使えば安心です。

ピーラー

これは男の料理の必需品。野菜の皮を簡単にむけるほか、ごぼうのささがきをするときも重宝します。

ピーラーの使い方

刃を斜めに当てて、手前に引くと簡単に皮をむくことができる

ざる

野菜を洗ったり、魚などの湯通しをしたり、何かと使い勝手がよい。出すのがめんどうと思わず活用しましょう。

大さじ 小さじ

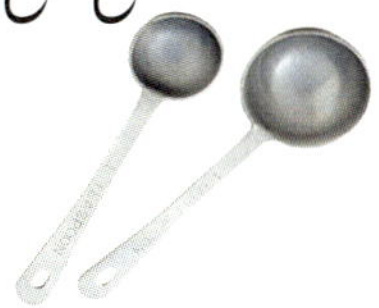

大さじの代わりにカレースプーン、小さじの代わりにティースプーンなどで代用してもよいですが、正しい分量をはかりたい方は使ってください。

まな板

妻の愛用品を「使わせていただく」という気持ちで、使った後はきれいに洗っておきましょう。

木のさじ

菜箸は使いにくい……という人には、カレースプーンくらいの大きさの木のさじがあると、調理に便利です。

計量カップ

マグカップで代用してもOKです。味が濃ければ薄めればいいし、薄ければ調味料を足せばいいのですから。こちらも正しい分量をはかりたい場合に使ってください。

玉ねぎのみじん切りの仕方

1 皮をむき、縦半分にして両端を切る。

2 片端1㎝くらいを残して5㎜間隔くらいで縦に包丁を入れていく。

3 向きを変えて同じように5㎜間隔くらいで包丁を入れる。

4 包丁を入れなかった端は寝かせて縦横に包丁を入れる。

5 刃先を押さえ、刃元を上下に動かして全体を細かく切る。

「男のええ加減料理」の決まり事

買い物は、回を重ねて慣れる

最初はどこに何があるのかわからずに手間取ることで、めんどうになってしまう買い物。しかし、**4〜5回行くうちに、**どこにどんな商品があるかがわかるようになり、**スムーズに買い物ができるようになります。**じっくり観察すれば、特売コーナーなどお得な情報もキャッチできます。

買い物に行く前に、家にあるものをチェック

無駄な買い物を避けるために、材料や調味料が家にあるかどうかをチェックしましょう（家にあるものは、使ってもよいかどうか妻に確認を。勝手に使うと、怒られることがあります）。

調味料は同種のものでＯＫ

この本では、味つけに使用する調味料を写真とともに紹介していますが、**同一の商品を使う必要はありません。**たとえば「すき焼きのたれ」は、メーカー数社から出ています。基本的にはどれを使っても問題ありませんが、「ストレートタイプ」や「濃縮2倍」など、**濃縮率が異なるものもあるので、注意しましょう。**薄味から始めて、味見をして自分がおいしいと思う味に仕上げてください。

「男のええ加減料理教室」でよくある質問

Q　肉は何を買えばいいですか？

A　レシピを見ると、「ばら肉」「ひき肉」など肉の種類が指定されています。最初は、そのとおりの肉を買いましょう。同じ豚肉でも、**部位によって合う料理、合わない料理があります。**スーパーなどでパックで販売しているものには「ばら」「ロース」などの表示がついています。

Q　材料費の予算のめどは？

A　昼食を作るために高い材料費を使う必要はありません。1回あたりの予算が500円を超えるのであれば、外食したほうが安くつきますから。また、「こんな安い材料費でこんな料理ができた！」と思うほうが満足感も高まるので、できるだけ**材料費は安くあげることを心がけてください。**

Q　「強火」「中火」「弱火」の加減がわかりません

A　「強火」は炎が鍋の底全体に当たるく

らい。「中火」は炎の先が鍋につくかつかないかくらい。「弱火」は炎の先が鍋の底につかないくらい。これらを目安にしてください。

Q

1人用鍋でなくてもいいですか?

A

本書の土鍋は**基本6号サイズ**のものを使っていますが、その**理由は一人で食べるのにちょうどいい量の料理ができるから**。3〜4人分の大きな鍋で作ると、どうしても作りすぎてしまい、せっかくだからと食べすぎる可能性も。また、何食もその料理ばかり食べることになり、自分で作るのがいやになってしまいます。1回の調理で食べきれる量だけ作るほうが、料理を長く続けることができます。

Q

野菜などの材料の切り方は?

A

本書では材料の切り方を一応載せてはいますが、自分一人で食べる料理ですから、本当は**どんな切り方でも、どんな形になろうともいいのです**。でも、あまり大きく切ると、火が通りにくくなるので注意しましょう。

調理編

肉や魚は洗わない

肉も魚も切って売られているものならば洗う必要はありません。ただし、魚は時間が経つと臭みが出てくるので、調理前に熱湯をかける湯通しをすることがあります。

洗う野菜と洗わない野菜の区別は?

野菜は洗ってください。洗剤は使わず、水で泥や汚れを洗い流します（かつて料理教室で、洗剤で野菜を洗っていた方がいたので、念のため）。ただし、**きのこ類は**風味がなくなってしまうので、**基本的に水洗いはしません**。ほこりをはらう程度で大丈夫です。

お米はさっととぐ

昔は、米は「ゴシゴシとぐ」というイメージでしたが、精米技術の向上もあり、今は力を入れてとぐ必要はありません。昨今の品種の中にはゴシゴシとぐと米粒が割れてしまうものも。「無洗米」ならば、洗う必要もありません。

土鍋の底がぬれたまま火にかけない

土鍋は洗ったら底を上にしてよく乾かしておきます。**火にかけるときは、底や側面がぬれていないか確かめましょう**。ぬれたままだと鍋が割れる原因に。

最初は強火で、煮立ったら弱火に

料理教室を開いていて、一番多いのが、強火のまま調理し続けて焦げつかせてしまうという失敗です。**グツグツしてきたら弱火にすること**。焦げつくと後片づけも大変です。

水加減に注意

本書で紹介している土鍋料理は、「煮る」というより「蒸す」感覚で調理してください。野菜などから水分が出ることを考慮し、**加える水は気持ち少なめで**。焦げてきたり、水が足りない場合は、そのときに足せばいいのですから。

調味料の入れすぎに注意

レシピにある調味料の分量での味つけで「物足りない」と思っても、**最初は薄めの味に**。煮詰まって味が濃くなるからです。もし、食べたときに味が薄いようなら、そこで足せば何も問題ありません。

自立レベル1

初級

材料を切って
土鍋に入れるだけ。
失敗ナシで、
ストレスもナシ！

自立レベル 1

調理時間 15分

豚にらもやし

思った以上にヘルシーな1品

味つけ調味料

塩
（適量）

材料

豚ばら肉（薄切り）…3～4枚
もやし…1袋
にら…2わ
水、酒…各カップ1/4（50㎖）
（水…カップ1/2でもOK）

もやし

豚ばら肉

にら

材料を切る

にらは5㎝長さに切る。豚肉は3㎝幅に切る。

1

鍋に分量の水と酒（1対1）を入れる。

もやしから水分が出るので、水を入れすぎないように注意を。

2

鍋にもやしを入れて塩少々をふる。

もやしは洗い、水けをきってから使う。

3
もやしの上に豚肉を重ならないように並べる。

4
にらをのせて、塩を2つまみくらいふる。

5
ふたをして弱火で約10分蒸したら完成。

自立レベル **1**

調理時間 **15**分

あさりの酒蒸し

代謝機能が弱った肝臓のために

味つけ調味料

塩（適宜）

材料

あさり…約20個
にら…2わ
しめじ…適量
酒…カップ$\frac{1}{2}$（100㎖）

にら

しめじ

あさり

材料を切る

にらは6㎝ほどの長さに切る。しめじは石づき（柄の先端のややかたい部分）を取ってほぐす。

1 鍋に酒、あさり、にら、しめじを入れる。好みで塩少々をふる。

あさりは、事前に海水くらいの濃度の塩水に一晩つけて、「砂抜き」をする。

2 ふたをして蒸す。

中火にかけ、グツグツしてきたら弱火にして約7分蒸し、火を止める。さらに2～3分蒸らしてでき上がり。

自立レベル 1

調理時間 10分

エコゆで卵

土鍋の余熱を利用して省エネ

材料

卵…4個

味つけ調味料

塩（適量）

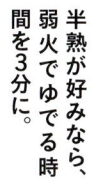

1 鍋に卵を入れ、鍋の五分目くらいまで水を加え、ふたをして強火にかける。

2 ときどき卵を転がす。

沸騰したら中火にして、グラグラしてきたら弱火にして5～7分ゆで、火を止める。

さらに3～5分蒸らしてでき上がり（ゆで＋蒸らしで合計10分になるようにする）。

半熟が好みなら、弱火でゆでる時間を3分に。

自立レベル **1**

調理時間 **30**分

実作業時間5分の 缶詰さば大根

味つけ調味料

すき焼きのたれ（適宜）

缶詰めなら、骨を取るめんどうなし！

材料

味つきさばの缶詰…1缶（写真は190g）

大根…1/8本

大根

味つきさばの缶詰

材料を切る

皮をむいた大根は1cm厚さほどの輪切りにする（3枚ほど）。1枚を4等分にする（できれば面取り〈切り口の角を取る〉をし、味がしみ込みやすいように切り込みを入れておく）。

1

鍋に味つきさばの缶詰を缶汁とともに入れる。

今回はみそ煮を使ったが、しょうゆ味のものを使ってもよい。

2

缶いっぱいに水を入れ、鍋に加える。大根を加え、ふたをして強火で煮る。

煮汁が吹きこぼれそうなら、ふたをせずに煮る。

3

煮立ったら弱火にし、ふたを取って放置。

焦げつきに注意を。煮汁が急速になくなったら水を足す。

4

グツグツと煮詰まってきたところで味見をする。

5

大根にしっかりと味がしみ込むまで煮込んで、でき上がり。

味が薄い場合はすき焼きのたれを少々加えて調整する。

缶詰のさばは骨まで食べられる。

自立レベル
1

調理時間
10分

塩こうじはりはり風餃子鍋

味つけ調味料
塩こうじ
（大さじ1～2）

鯨肉を使わずはりはり鍋を堪能

材料

比較的安いギョーザ（市販）…5～6個
白菜…1/2枚
水菜…1株
水…カップ1（200㎖）

白菜

水菜

ギョーザ

材料を切る

白菜は一口サイズに、水菜は鍋に入る長さに切る。

1

鍋に白菜の白い部分を敷く。

焦げつきを防ぐために、先に白菜を鍋の底に敷くのがポイント。

2

分量の水を加えて強火で煮る。

3
残りの白菜とギョーザ、塩こうじを加えて強火で煮る。

4
煮立ったら弱火にする。
水菜を加え、ふたをして約2分煮て火を止める。

5
水菜の火の通りが悪い場合は、さらに約2分煮て食べる。

味が薄いときはポン酢につけて食べるのもOK。

自立レベル **1**

調理時間 **15** 分

簡単すぎる 和風シューマイ煮込み

味つけ調味料

すき焼きのたれ（適量）

蒸さなくていい
シューマイの食べ方

材料

比較的安いシューマイ（市販）…6～7個
なす…1/2本
にんじん、じゃが芋…各少々

材料を切る

なす、にんじん、じゃが芋は、それぞれ一口サイズに切る。

1

鍋にシューマイを中心にして材料を並べる。

2

具がつかるくらいを目安に、水とすき焼きのたれを加える。

すき焼きのたれの分量は、最初は「少し薄い」と感じる程度に。

3

ふたをして、強火で煮る。

一度煮立ったら弱火にするが、吹きこぼれそうならふたを取ってもよい。焦げつかないよう煮汁の量に注意を。

4

煮立ったら弱火にする。

5

約10分煮込んで、でき上がり。

味が薄ければ、すき焼きのたれを足す。

自立レベル **1**

調理時間 **10**分

定番 鍋焼きうどん

味つけ調味料

うどんだしの素

（1食分）

土鍋といえば、コレでしょう

材料

- うどん…1玉
- 白菜…$\frac{1}{2}$枚
- しいたけ…1枚
- 油揚げ…$\frac{1}{4}$枚
- 青ねぎ…1本
- 鶏肉（から揚げ用のもも肉でも胸肉でも好みで）…2個
- 卵…1個
- 水…カップ1（200㎖）

材料を切る

白菜、鶏肉は一口サイズに切る。青ねぎは3㎝長さに切り、しいたけは柄の部分を取る。油揚げは短冊に切る。

1

鍋に白菜の白い部分を敷く。

2

分量の水を加えて強火で煮る。

グラグラしてきたら、うどんだしの素を加えて弱火にする。

水が少ないときは足す。水が多いと吹きこぼれるので注意を。

3

うどんを加える。

うどんは湯をかけてほぐしておく。

4

鶏肉、しいたけ、油揚げ、残りの白菜を加え、ふたをして中火で煮る。

5

鶏肉に火が通ったら卵を割り入れ、ねぎをのせる。

ふたをして2分ほど煮て食べる。

一度煮立ったら必ず弱火にする。

自立レベル 1

調理時間 15分

出ました！おかず豚汁

味つけ調味料

だし入りみそ（適量）

材料

豚ロース肉（薄切り）…2〜3枚
白菜…1/2枚
里芋…1〜2個
しいたけ…1枚
しめじ…1/4パック
厚揚げ…1/4枚
こんにゃく…1/4枚
ねぎ…適宜

材料を切る

里芋は皮をむいて、白菜、豚肉、こんにゃく、厚揚げとともに一口サイズに切る。しいたけは柄の部分を取って薄切りにし、しめじは石づきを取ってほぐす。

1 鍋に白菜の白い部分を敷く。

2 鍋の七分目まで水を加えて強火で煮る。

3 グラグラしてきたら中火にして、残りの材料を加える。

4 煮立ったら弱火にして、だし入りみそを加える。

みそは味見をしながら、少しずつ加えて溶かす。

5 ねぎがあれば加え、1分煮て火を止める。

ふたをして2分ほど蒸らしてから食べる。

風味がとぶのでみそを入れたら長く煮ないこと。

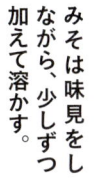

自立レベル2

初級～中級

おいしさのためには、
ひと手間を惜しまず、
料理を楽しみましょう

自立レベル 2

調理時間 80 分

なんちゃって圧力土鍋の豚の角煮

味つけ調味料

すき焼きのたれ（カップ1/3）

嫁が驚く料亭の味。
圧力鍋なしでもOK

材料

豚ばら肉（ブロック）…約150g
大根…1/5本
ゆで卵…1個
しょうが…1かけ
水（または水と酒を半量ずつ混ぜたもの）…カップ3/4（150mℓ）

ゆで卵はなしでも大丈夫。

材料を切る

豚肉、皮をむいた大根は、それぞれ1.5cm厚さに切る。豚肉は半分に切り、大根は1枚を4等分にして面取り（切り口の角を取る）をする。しょうがは皮つきのまま薄切りにする。

1

鍋に湯を沸かし、しょうが、豚肉を加える。

湯は電気ポットで沸かしておくと便利。

2

豚肉の色が変わったら、ざるに上げる。ゆで卵は殻をむく。

豚肉を出した後の鍋は軽く洗う。

やけどに注意！

3

鍋に**2**の豚肉、大根、ゆで卵を入れ、分量の水を加える。すき焼きのたれを加え、強火で煮る。

4

煮立ったらふたをし、弱火にして約1時間煮て完成。

このとき、鍋のふたに重石《おもし》をのせると、圧力がかかるかも？

焦げつきに注意を。ときどきふたを取って水分をチェックする。まだ充分煮えていなければ、もう少し煮る。煮汁が足りないときは水とすき焼きのたれを適宜足す。

自立レベル 2

調理時間 20 分

妻よりうまい肉じゃが

味つけ調味料

すき焼きのたれ（カップ1/4）

やればカンタン、
男の肉じゃが

材料

牛ロース肉（薄切り）…2～3枚
じゃが芋…2個
玉ねぎ…1/2個
にんじん…1/3本
しいたけ…1枚
長ねぎ…1本
糸こんにゃく…少々
水（または水と酒を半量ずつ混ぜたもの）…カップ3/4（150㎖）

牛ロース肉

じゃが芋

にんじん

長ねぎ

しいたけ

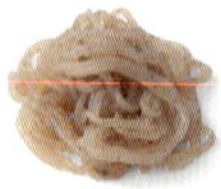

糸こんにゃく

玉ねぎ

材料を切る

皮をむいたじゃが芋、玉ねぎ、にんじん、牛肉は、それぞれ食べやすい大きさに切る。しいたけは柄の部分を取って薄切りにする。長ねぎは斜め切りにする。

1

糸こんにゃくは湯通しをする。

マグカップに糸こんにゃくを入れて熱湯を加え、ざるに上げる。

2

鍋に分量の水とすき焼きのたれを入れて火にかける。

最初、すき焼きのたれは少なめに。

3

じゃが芋、にんじん、玉ねぎを加え、ふたをして強火で煮る。

4

沸騰したら牛肉、しいたけ、糸こんにゃくを加えてふたをし、弱火にして約10分煮る。

5

ねぎをのせ、1分ほど煮て火を止める。

このとき味見をして、味が薄いようならすき焼きのたれを少し足す。

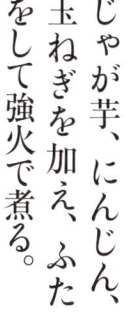

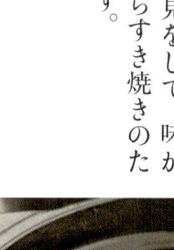

自立レベル **2**

調理時間 **30** 分

本当にできる 魚の煮つけ

味つけ調味料

すき焼きのたれ
（適量）

カンタンなのに、
料理人のような味

材料

かれいの切り身…1切れ
しょうが…1かけ
青梗菜《チンゲンツァイ》…適量
酒…カップ1/5（40㎖）

かれいの切り身

かれい以外の魚でもよい。

しょうが

青梗菜

小松菜やほうれんそうでもよい。なしでもOK。

材料を切る
しょうがは皮つきのまま薄切りに、青梗菜は食べやすい大きさに切る。

1
火が通りやすいよう、かれいの皮に切り目を入れる。

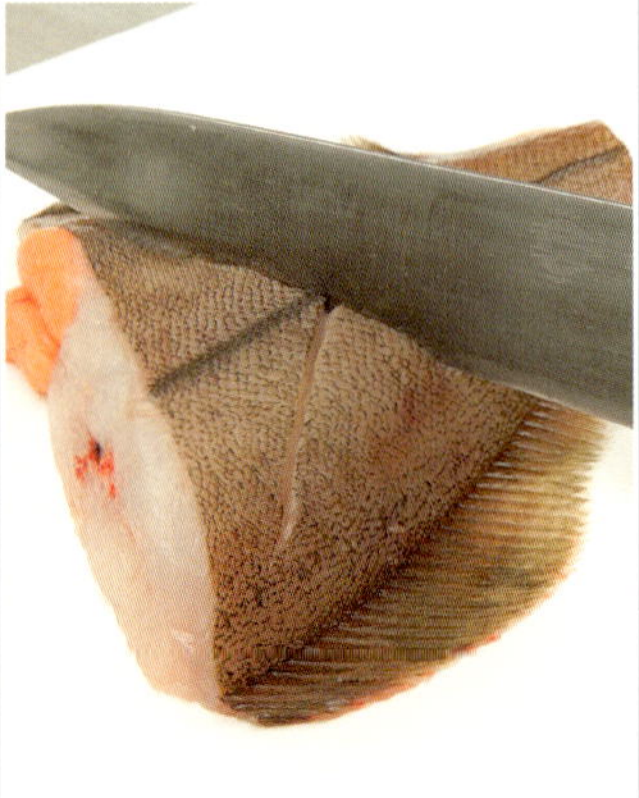

2
ざるにかれいを入れ、熱湯をゆっくりとかけ、臭みを取る。

3
鍋に酒を入れて、かれいを置き、その上にしょうがをのせる。

4

水とすき焼きのたれを、味見をしながら、かれいがつかる程度まで加える。

5

ふたをして強火にかけ、沸騰したら弱火にして15分ほど煮る。

このときに落としぶたをしてもよい。

6

青梗菜を加え、3分煮て完成。

味が薄ければ、すき焼きのたれを足す。

煮汁が少なくなったらスプーンなどでときどきかれいにかける。

自立レベル **2**

調理時間 **30**分

省エネおでん

本当は、次の日がおいしい

味つけ調味料

白だし（大さじ2）

割烹
白だし

材料

ちくわ…1本
ごぼう巻き…2本
さつま揚げ…2枚
こんにゃく…1枚
大根、じゃが芋…各少々
ゆで卵…1個
塩昆布…1つまみ

塩昆布
大根
こんにゃく
ゆで卵
じゃが芋
ちくわ
ごぼう巻き
さつま揚げ

材料を切る

ちくわなどの練り物は適当な大きさに切る。じゃが芋、大根は皮をむき、一口サイズに切る。こんにゃくは三角形に切る。

1

練り物とこんにゃくはざるに入れて湯通しをする。ゆで卵は殻をむく。

2

鍋に塩昆布以外の材料を入れ、全体がつかるくらいの水と白だしを加えて、グツグツするまで強火で煮る。

3 煮立ったら弱火にしてふたをする。

ただし、吹きこぼれそうなら、ふたを取ったままでよい。

4 塩昆布1つまみを加えてふたをする。

5 弱火で10分煮たら、いったん火を止めて余熱で加熱する。食べる前に弱火で温める。

冷めたら再度加熱する。これを繰り返すことで味が材料にしみ込んでいく。

自立レベル 2

調理時間 25分

テレビでおなじみ 白菜＋豚ばら

味つけ調味料

うどんだしの素

（1食分）

一度は作りたい
完成品の美しさ

材料

白菜…鍋に入る量
豚ばら肉（薄切り）…150g
大根…少々
水（または酒）…カップ1/4（50㎖）

大根

白菜

豚ばら肉

材料を切る

白菜は、1枚ずつはがして縦半分に切る。大根は皮をむく。

1

白菜に豚肉をのせて、さらに白菜を重ねる。

葉の余分な部分を切り落とし（捨てずに鍋に入れる）、5〜6㎝幅に切る。

2

鍋の中央に大根を置き、白菜と豚肉を重ねたものをすき間なく詰める。

中央に大根を入れると白菜がばらつかずに詰めやすい。

3
分量の水（または酒）を加え、ふたをして強火で煮る。

4
グツグツしてきたら中火にし、約10分煮る。

5
うどんだしの素を加え、煮立ったら弱火にして5分煮る。

自立レベル 2

調理時間 20分

最後に豆乳を投入する 豆乳鍋

味つけ調味料

だし入りみそ

（大さじ1～2）

豆乳を余熱で温めるのがミソ

材料

鶏もも肉（から揚げ用）…4～5個

白菜…$\frac{1}{2}$枚

しいたけ…1枚

しめじ…少々

じゃが芋…$\frac{1}{4}$個

にんじん…$\frac{1}{4}$本

大根…少々

豆乳…約カップ1（180㎖）

材料を切る

鶏肉、白菜は食べやすい大きさに切り、じゃが芋、にんじん、大根はそれぞれ皮をむいて一口サイズに切る。しいたけは柄の部分を取って薄切りに、しめじは石づきを取ってほぐす。

1

鍋に白菜の白い部分を敷き、白菜がつかるくらいまで水を加え、ふたをして強火で煮る。

2

沸騰したら、残りの野菜を加え、鶏肉をのせてふたをし、中火で5分煮る。

3 具に火が通ったら弱火にし、だし入りみそを少しずつ加えて溶かす。

みそを入れたら長く煮ないこと。

4 豆乳を加え、ゆっくり混ぜる。

豆乳を加えたら煮すぎないこと。みそ味は少し薄めのほうが豆乳が引き立つ。

5 グツグツしてきたら火を止め、ふたをして2分くらい蒸らして食べる。

自立レベル3

中級

とろみをつけたり、
煮る前に炒めたり、
このひと手間で料理が
一気にランクアップ

自立レベル **3**

調理時間 **20**分

クラムチャウダーとちゃうか？

味つけ調味料

固形コンソメスープの素

（1個）

小麦粉を使わず本格的な味に!?

材料

あさりの多い冷凍シーフードミックス…2つかみ（あさりだけでも可）
ベーコン…1枚
玉ねぎ…1/4個
にんじん…1/4本
じゃが芋…1/4個
バター…少々
水…約カップ1/2（80㎖）
牛乳…カップ1（200㎖）
クラッカー…少々

材料を切る

ベーコンは1㎝幅、にんじんとじゃが芋は1㎝角に切り、玉ねぎは粗みじん切りにする。

1

鍋にバターを入れて弱火でゆっくりと温める。

2

ベーコンと玉ねぎを加えて中火にし、玉ねぎがしんなりするまで炒める。

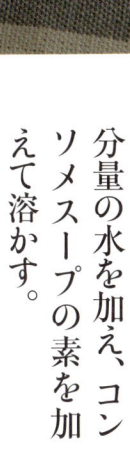

3
分量の水を加え、コンソメスープの素を加えて溶かす。

4
煮立ってきたらにんじん、じゃが芋、シーフードミックスを加える。

焦げないようにゆっくりと混ぜながら煮る。

5
全体に火が通ったら牛乳を加えて、ゆっくりと混ぜる。

ふたをして5分ほど弱火で煮たらでき上がり。クラッカーを添え、割り入れて食べる。

自立レベル **3**

調理時間 **30** 分

トマト鍋と とろーりオムライス風

味つけ調味料

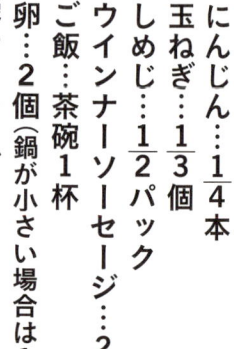

トマト鍋の素

（1袋750gの場合1/6袋）

1品で2度おいしい、満足度の高さが自慢

材料

鶏もも肉（から揚げ用）…7〜8個
キャベツ…1/5個
にんじん…1/4本
玉ねぎ…1/3個
しめじ…1/2パック
ウインナーソーセージ…2本
ご飯…茶碗1杯
卵…2個（鍋が小さい場合は1個でも）
溶けるチーズ（薄切り）…1枚
水…約カップ1/3（70㎖）

材料を切る

鶏肉は一口サイズに切る。キャベツ、にんじん、玉ねぎは食べやすい大きさに切る。しめじは石づきを取ってほぐす。

1

トマト鍋の素と分量の水を合わせ、鍋の七分目くらいまで入れる。

2

鶏肉、ウインナー、野菜を加え、ふたをして中火で煮る。

3

野菜がしんなりしてきたら弱火にする。

ふたをしてさらに5分煮たらでき上がり。

後のオムライスのために汁はあまり飲まないようにする。

4

具を食べた後、鍋を再び火にかけ、ご飯を加えて強火で煮る。

煮汁が少ない場合はトマト鍋の素と水を足す。

5

グツグツしてきたら、卵を溶いて加え、チーズをのせる。

ふたをして火を止め、1〜2分蒸らしてでき上がり。

自立レベル **3**

調理時間 **40**分

次の日がうまいカレー

味つけ調味料

固形のカレールウ
（大1/4箱＝約35g）

次の日の楽しみのために仕込んでおく

材料

- 牛薄切り肉…2〜3枚
- 玉ねぎ…1/2個
- にんじん…小1 1/2本
- じゃが芋（メークイン）…小1個
- 水…カップ1と1/4（250㎖）
- サラダ油…適量
- ご飯…茶碗1杯分

材料を切る

玉ねぎは薄切りにする。牛肉、にんじん、じゃが芋は食べやすい大きさに切る。

1

鍋にサラダ油を熱し、玉ねぎをしんなりするまで炒める。

土鍋で炒めるのは原則としてよくないが、弱火で軽く炒める。

2

牛肉、にんじんを加え、ざっと炒める。

じゃが芋は後で加えるのがコツ。煮くずれしにくいメークインを使う。

3

分量の水を加え、強火で煮る。沸騰したら中火にしてこまめにあくを取る。

4

一度火を止め、カレールウを加えて溶かす。

じゃが芋を加えて、弱火でゆっくり煮込む。このとき味見をして、薄ければカレールウを足す。

5

ときどき混ぜながら弱火で30分くらい煮て火を止める。

ふたをして数分蒸らして完成。食べるときに鍋を温める場合は、弱火でゆっくり温めてご飯を盛る。

自立レベル 3

調理時間 20分

欲張り麻《マー》婆《ボー》なす豆腐

味つけ調味料

担々ごま鍋の素
（大さじ1～2）

エバラ
担々ごま鍋

なすも豆腐も
食べたい人に

材料

なす…1本
絹ごし豆腐…1/2丁
合いびき肉…100g
玉ねぎ…1/4個
水溶き片栗粉
（片栗粉、水…各大さじ1）
サラダ油…適量
細ねぎ…適宜

合いびき肉

なす

玉ねぎ

絹ごし豆腐

材料を切る

なすはへたを切り落とし、縦8等分に切る。玉ねぎは薄切りにする。豆腐はサイコロ状に切るさいの目切り。

1

鍋にサラダ油を入れ、玉ねぎを炒める。

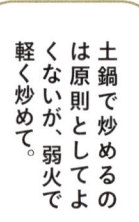

土鍋で炒めるのは原則としてよくないが、弱火で軽く炒めて。

2

たまねぎがしんなりしたら、ひき肉を加えて炒め合わせる。

3

なすを加えて炒め、担々ごま鍋の素を味見しながら加える。

担々ごま鍋の素の量は、「少し薄いかな」と思うくらいに。水溶き片栗粉を加える前に味見をして、薄いなら足す。

4

なすがしんなりしてきたら豆腐を加え、弱火で約8分煮込む。

5

水溶き片栗粉を回し入れる。

ゆっくりと混ぜ、グツグツしてきたら火を止める。仕上げに好みで細ねぎを刻んで散らしてもOK。

自立レベル **3**

調理時間 **15** 分

油なしの中華丼

味つけ調味料

ラーメンスープの素

（1食分）

料理教室イチオシ！
油を使わずヘルシー

材料

- 豚ばら肉（薄切り）…2～3枚
- 白菜…2枚
- ピーマン…$\frac{1}{2}$個
- にんじん…$\frac{1}{5}$本
- しいたけ…1枚
- 玉ねぎ…$\frac{1}{4}$個
- もやし…$\frac{1}{4}$～$\frac{1}{3}$袋
- にら…2～3本
- 冷凍シーフードミックス…1つかみ
- 水溶き片栗粉（片栗粉、水…各大さじ1）
- 卵…1個
- 水…カップ$\frac{1}{4}$（50㎖）
- ごま油…適宜
- ご飯…茶碗1杯分

材料を切る

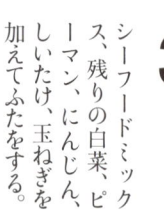

豚肉は3等分に切る。柄の部分を取ったしいたけ、玉ねぎは薄切り、ピーマンは細切りにする。白菜、にんじんは一口サイズに切り、にらは5㎝長さに切る。

1

鍋に白菜の白い部分を敷き、分量の水を加えて強火で煮る。

強火で煮続けると焦げつくので煮立ったら弱火にし、水分が少ないときは水を足す。

2

グラグラしてきたらラーメンスープの素を加える。

3

シーフードミックス、残りの白菜、ピーマン、にんじん、しいたけ、玉ねぎを加えてふたをする。

4

グツグツしてきたらすぐに中火にし、もやし、豚肉、にらを加えてふたをする。

5

野菜がしんなりして、豚肉の色が変わったら、好みでごま油を少し加えて混ぜる。

6

水溶き片栗粉を回し入れ、軽く混ぜる。

水溶き片栗粉を加えたら軽く混ぜ、長く煮ないこと。

7

中央に少しくぼみをつけて卵を割り入れる。

8

ふたをして1～2分煮て火を止める。

かための卵が好きな方はさらに1分煮る。土鍋のふたにご飯を盛ると洗い物が少なくてすむ。

自立レベル 3

調理時間 40分

シチューらしい

味つけ調味料

シチューのルウ（大1/4箱＝約50g）

材料

鶏もも肉（から揚げ用）…3個
玉ねぎ…1/2個
にんじん…小1/2本
じゃが芋…小1個
水…カップ1と1/4（250㎖）
サラダ油…適量

じゃが芋

玉ねぎ

にんじん

鶏もも肉

材料を切る

玉ねぎは薄切り、鶏肉、にんじん、じゃが芋は食べやすい大きさに切る。

1 鍋にサラダ油を熱し、玉ねぎを炒める。

土鍋で炒めるのは原則としてよくないが、弱火で軽く炒めて。

2 鶏肉を加え、炒め合わせる。

3 にんじんを加えて、炒め合わせる。

4 分量の水を加え、ふたをして強火で煮る。沸騰したら中火にし、こまめにあくを取る。

5 一度火を止め、シチューのルウを加えて溶かす。

6

じゃが芋を加え、弱火で、ときどきゆっくり混ぜて30分ほど煮込む。このとき味見をして、薄ければシチューのルウを足す。

7

ふたをし、数分蒸らしてでき上がり。

もう一度火を入れるときは弱火で混ぜないと焦げつくので注意を！

自立レベル **3**

調理時間 **25**分

きのこいっぱい あんかけ豆腐

味つけ調味料
ラーメンスープの素
（1食分）

食物繊維豊富なきのこ。ダイエットにも有効

材料
- 絹ごし豆腐…1/2丁
- 白菜…2枚
- しいたけ…1枚
- しめじ…1/3パック
- えのきだけ…1/3袋
- 玉ねぎ…1/4個
- 冷凍シーフードミックス…1つかみ
- 水溶き片栗粉（片栗粉、水…各大さじ1）
- 水…カップ1/2（100㎖）
- ごま油…適宜

材料を切る
白菜は一口サイズに切り、玉ねぎは薄切りにする。しいたけは柄の部分を取り、薄切りにする。しめじとえのきだけは石づきを取り、しめじはほぐし、えのきだけは半分に切る。豆腐は半分に切る。

1
鍋に白菜の白い部分を敷き、分量の水を加え、強火で煮る。

強火で煮続けると焦げつくので、煮立ったら弱火にし、水分が少ないときは水を足す。

2
豆腐以外の具を鍋に加え、ふたをして強火で煮る。

3
グツグツしてきたらラーメンスープの素を加え、中火で煮る。

4
野菜がしんなりしたら、好みでごま油を少し加えて混ぜる。

5
水溶き片栗粉を回し入れて、軽く混ぜる。

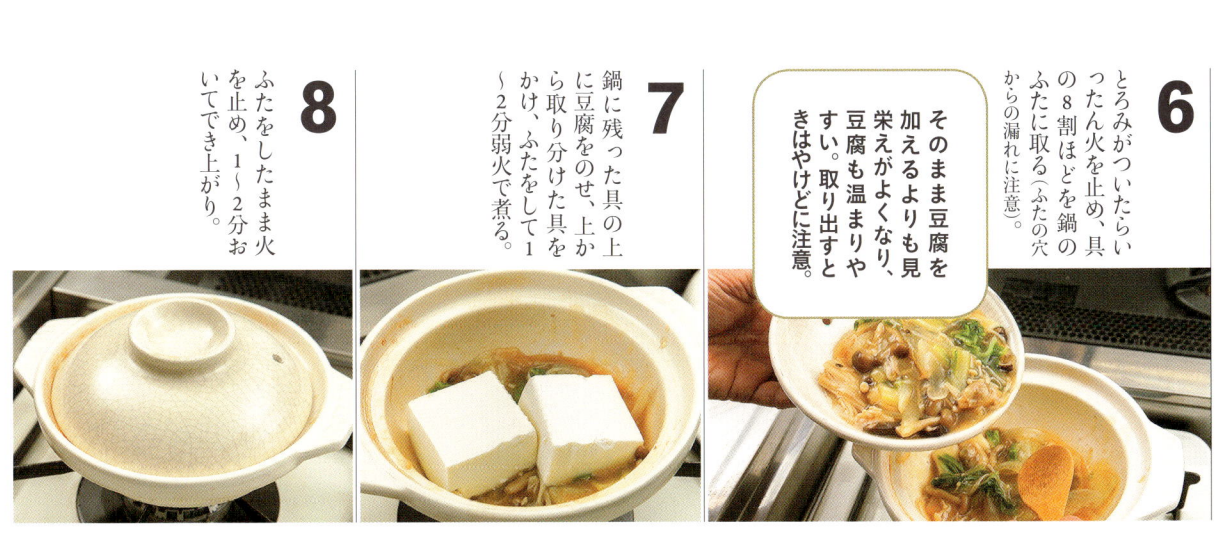

6

とろみがついたらいったん火を止め、具の8割ほどを鍋のふたに取る（ふたの穴からの漏れに注意）。

そのまま豆腐を加えるよりも見栄えがよくなり、豆腐も温まりやすい。取り出すときはやけどに注意。

7

鍋に残った具の上に豆腐をのせ、上から取り分けた具をかけ、ふたをして1～2分弱火で煮る。

8

ふたをしたまま火を止め、1～2分おいてでき上がり。

完全自立レベル

実はカンタン！
なのに、少しの手間で
妻も絶賛する
クオリティの高さに

完全自立レベル

調理時間 40分

本格ロールキャベツ

女子大生に大人気。キャベツが破れてもＯＫ

味つけ調味料

固形コンソメスープの素（1個）

材料

合いびき肉…茶碗1杯分（100g）
キャベツ…2〜3枚
玉ねぎ…1/2個
溶き卵…1/2個分
パン粉…1つかみ
ベーコン…2〜3枚
塩、こしょう…各少々
水溶き片栗粉（片栗粉、水…各大さじ1）
水…カップ1（200㎖）

ベーコン

合いびき肉

玉ねぎ

キャベツ

卵

材料を切る

玉ねぎはみじん切りにする。ベーコンは半分に切る。

1

鍋に水（キャベツをゆでる分）を適量入れ、強火にかける。

2

沸騰してきたら中火にし、キャベツを入れてふたをする。

キャベツは1枚ずつはがすときに破れてしまうことがあるので注意。

3

ポリ袋にひき肉、玉ねぎ、溶き卵、パン粉を入れ、軽く塩、こしょうをする。空気が入らないよう口を縛った後、手でよくこねる。

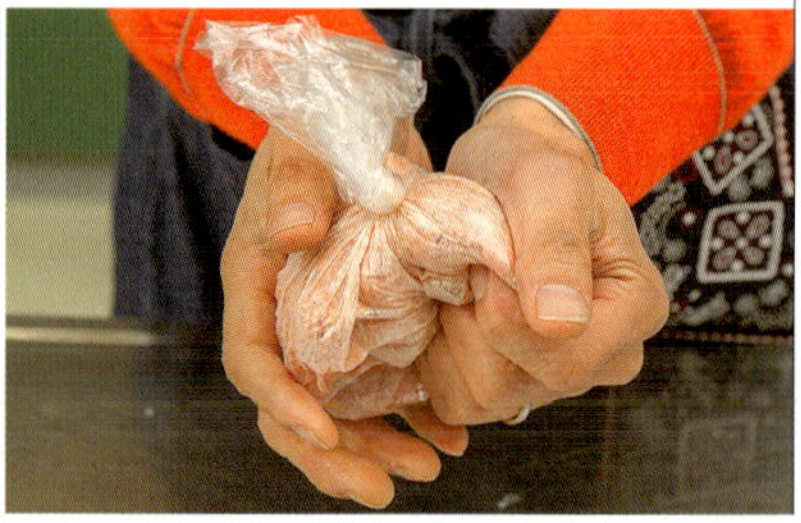

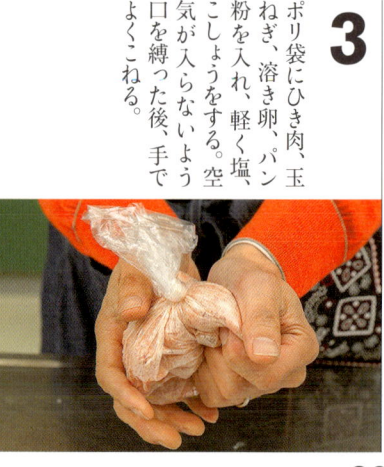

4

2のキャベツがしんなりしてきたら取り出して冷ます。

やけどに注意！

5

キャベツの軸の部分を少しそいで、**3**でこねた具を2〜3等分にしてキャベツで包む。巻き終わりはつまようじでとめる。

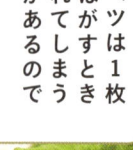

6

鍋に分量の水とコンソメスープの素を入れ、**5**のロールキャベツを鍋に並べてベーコンをのせ、ふたをして強火で煮る。

7

沸騰したら弱めの中火にし、15分ほど煮込む。

8

水溶き片栗粉を回し入れて軽く混ぜ、とろみがついたらでき上がり。

完全自立レベル

調理時間 40 分

掟破りの煮込みハンバーグツグツ

味つけ調味料

固形コンソメスープの素（1個）
トマトケチャップ（適量）
ウスターソース（適量）

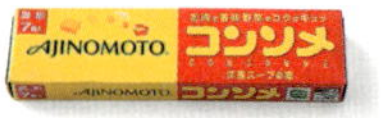

これだけは調味料3種です

材料

合いびき肉…120g
玉ねぎ…1/4個
パン粉…カップ1/3〜1/2
牛乳…大さじ2
溶き卵…1/2個分
にんじん…1/4本
じゃが芋…大1/2個
バター…適量
水…カップ3/4〜1（150〜200㎖）
溶けるチーズ（細切り）…1つかみ

材料を切る

玉ねぎはみじん切りにする。にんじんとじゃが芋は一口サイズに切る。

1

鍋にバターを熱し、バターが溶けたら、玉ねぎを入れて弱火でゆっくりしんなりするまで炒める。

玉ねぎを炒めるときやハンバーグに焼き目をつけるときは弱火にしないと焦げつくので注意。

2

火を止めて、鍋を少し冷ましてから、パン粉、牛乳、ひき肉を順に加え、混ぜ合わせる。

3

溶き卵を加えてさらによく混ぜ合わせる。

4

鍋が冷めてから、手でよく練り混ぜる。

5

4のたねをパンパンと左右の手に投げ渡して、中の空気を抜くようにして形を整える。鍋は洗う。

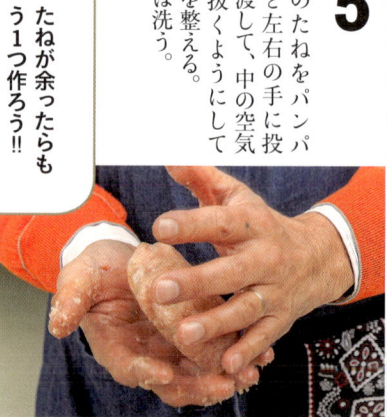

たねが余ったらもう1つ作ろう!!

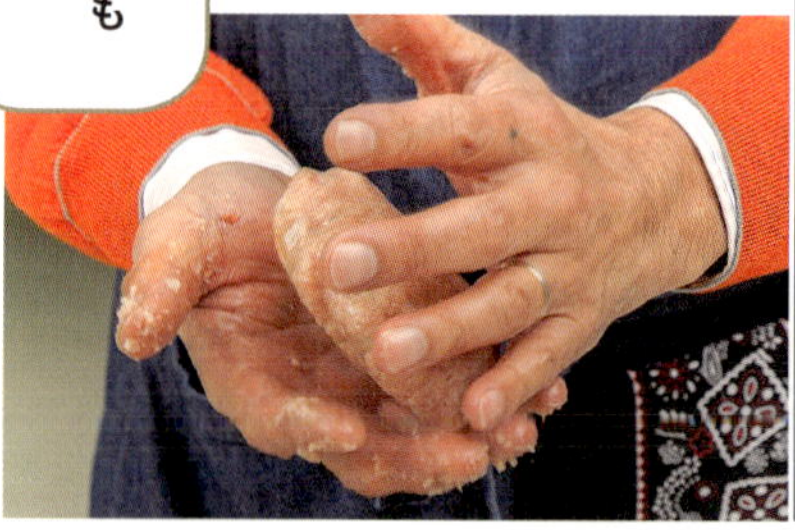

6

鍋にバターを弱火で熱し、ハンバーグの両面に焼き目をつける。

7

ハンバーグをふたなどに取り出す。

8

鍋に分量の水を入れて沸騰させ、にんじん、じゃが芋、コンソメスープの素を加え、中火にしてグツグツするまで煮る。

9

トマトケチャップ、ウスターソースをそれぞれぐるりとひと回しして加え、よく混ぜる。

10

鍋の中央にハンバーグを加え、弱火で約10分煮込んでチーズをのせる。

型が崩れてもチーズをのせればOK

完全自立レベル

調理時間 60分

暇なときの手作り皮の餃子鍋

味つけ調味料

鶏がらスープの素（ティースプーン山盛り1杯）

材料

豚ひき肉…茶碗半分
キャベツ…3枚
にら…1/4わ
強力粉、薄力粉…各25g
にんじん…少々
玉ねぎ…少々
しいたけ…少々
冷凍シーフードミックス…1つかみ
水溶き片栗粉
（片栗粉、水…各大さじ1）
水…カップ1（200㎖）

1 鍋に強力粉、薄力粉を合わせる。粉の量を大まかにする場合は、ともにカレースプーン1.5杯を鍋に入れる。

2 1に粉の半量（25㎖）のぬるま湯を少しずつ加えて粉となじませ、かたまりにする。

強力粉と薄力粉の割合で粘りやこしが変わる。試してみよう。

3 できた小麦粉のかたまりを手でもみ込むようにこねて、耳たぶくらいのかたさになったら、ラップに包んで20分ねかせる。

材料を切る 生地をねかせている間に、キャベツ、にらは細かく切る（みじん切り）。にんじん、しいたけ、玉ねぎは食べやすい大きさに切る。

4 鍋にひき肉、キャベツ、にらを入れ、粘りが出るまで混ぜ合わせる。

5 まな板に打ち粉の片栗粉を適量ふり、3の生地を2つに分けて丸め、マグカップで直径15㎝くらいになるまでのばしていく。2枚つくる。

6

4のたねを2等分し、5の皮で包み、水溶き小麦粉をのりにして口をとじる。

7

鍋に分量の水、鶏がらスープの素を入れて強火で煮立て、にんじん、しいたけ、玉ねぎ、シーフードミックスを加えて、煮立ったら火を止める。

8

鍋にギョーザを加えて中火にかけ、沸騰したら弱火で7～8分煮込む。余ったたねは肉だんごにして鍋に加える。最後に水溶き片栗粉を回し入れて軽く混ぜればでき上がり。

完全自立レベル

調理時間 40分

具だくさんがっつりグラタン

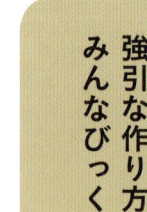

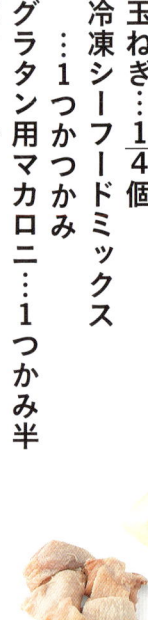

味つけ調味料

固形クリームシチューのルウ（大1/4箱）

強引な作り方にみんなびっくり！

材料

- 鶏もも肉（から揚げ用）…5〜6個
- 玉ねぎ…1/4個
- 冷凍シーフードミックス…1つかつかみ
- グラタン用マカロニ…1つかみ半
- バター…少々
- 牛乳…カップ1（200㎖）
- 溶けるチーズ（細切り）…適量

玉ねぎ

鶏もも肉

冷凍シーフードミックス

グラタン用マカロニ

溶けるチーズ

材料を切る

鶏肉は食べやすい大きさに切る。玉ねぎは薄切りにする。

1

鍋にバターを弱火で熱し、鶏肉、玉ねぎを入れて炒め合わせる。

2

玉ねぎがしんなりしてきたら、シーフードミックスを加えて軽く炒め合わせる。

土鍋が熱くなっているので、火傷に気をつけてください。

3

一度火を止めて牛乳を加え、さらにクリームシチューのルウを加えて溶けるまでゆっくり混ぜる。

4

再び中火にして、グラタン用マカロニを加えて焦げつかないように4〜5分ゆっくり混ぜる。火を止めて、チーズをのせる。

5

200度のオーブンで8〜10分焼いてでき上がり。

本来土鍋はオーブンに入れてはいけないらしいが、今までとんでもないことになったわけではないので、比較的安い土鍋で挑戦しよう。

その間にオーブンを200度に予熱しておく。

時間勝負の卵料理

時間勝負の卵料理

調理時間 15 分

なんちゃって明石焼き

味つけ調味料

白だし
（大さじ2～3）

材料

卵…2個
たこ…100g
かまぼこ…少々
三つ葉…少々
水…カップ1（200㎖）

材料を切る

たこは一口サイズに、かまぼこ、三つ葉は食べやすい大きさに切る。

1

鍋に卵を割り入れて溶き、白だしと分量の水を加えてよく混ぜ合わせ、中火にかける。

2

ゆっくりと混ぜ、かたまりができてきたら、たこ、かまぼこを加える。

3

さらにゆっくりと混ぜ、周囲が固まってきたら弱火にしてふたをする。

4

3～5分煮て、ふたの穴から湯気が出てきたら、火を止めて三つ葉をのせる。

5

鍋にアルミホイルをかけてふたをし、5分蒸らしたらでき上がり。

卵料理は時間との勝負。どこで弱火にするか？　どこで火を止めるか？　いろいろ試してください。

調理時間 **20**分

すが入ってもへっちゃら!
湯せんなしの小田巻き蒸し

味つけ調味料

白だし
(大さじ2〜3)

うどん入りの
茶碗蒸しで満腹に

材料

- 卵…2個
- むきえび…4尾
- 鶏もも肉(から揚げ用)…適量
- かまぼこ…適量
- ほうれんそう、しいたけ、しめじ…各少々
- うどん…1/2玉
- 水…カップ1(200㎖)

材料を切る

鶏肉は一口サイズ、ほうれんそうは5㎝長さに切る。かまぼこ、しいたけは柄を取って薄切りにする。しめじは石づきを取ってほぐす。具はあまり大きいと火が通らないので、小さめにする。

1

鍋に卵を割り入れて溶き、白だしと分量の水を加えて混ぜ合わせる。

2

中火にかけ、ほうれんそう以外の材料を加えて、ゆっくりと混ぜながら煮る。

うどんはぬるま湯でほぐしておく。

3

周囲が固まってきたら弱火にしてふたをする。

4

5分くらい煮て、ふたの穴から湯気が出てきたら火を止め、ほうれんそうをのせる。

5

鍋にアルミホイルをかけてふたをし、5分蒸らしたらでき上がり。

混ぜ加減ですが、入る。火の止めどころがむずかしいが、何回か試してみると割にうまくいく。

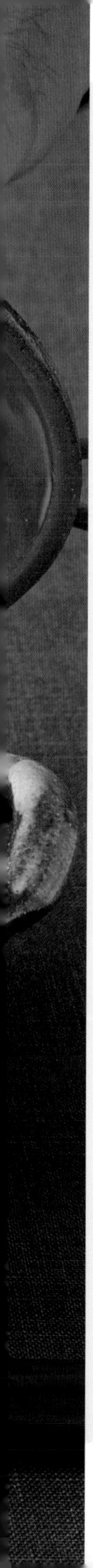

男の土鍋めし

想像以上に簡単で、
想像以上にうまい土鍋めし。
コツをつかめば
いろいろな料理に応用できる

鯛《たい》めし

調理時間 **40** 分

味つけ調味料

白だし（少々）

驚きの完成度！
最後の茶漬けもうまい

材料

- 米…1合（180ml）
- 鯛のあら…適量
- 水…約カップ$\frac{3}{4}$（160ml）
- 酒…少々
- 塩昆布…適宜

1 米をとぐ。

といだ米は、ざるに入れた状態で15分ほど水に浸す。

2 鯛のあらを焼く。

魚焼きグリルで軽く焦げ目がつくくらいに焼く（中火で8分ほど）。

3 鍋に米を入れ、分量の水、酒、白だしを加える。

米1合に対して、水＋酒＋白だしで170〜180mlにする。この水加減が重要。

鯛の身をほぐして骨を除き、ご飯と身を混ぜて食べる。白だしを使ってだし汁を作り、ご飯にかければ鯛茶漬けに。料亭の味!?

4

強火にかけ、ゆっくりと混ぜる。このとき、こげつかないように、木べらで底のほうをゆっくり混ぜる

5

グツグツしてきたら**2**の鯛をのせてふたをし、弱火にして13～15分炊き、火を止める。

火を止めた後、そのまま5分蒸らしてでき上がり。

味が薄ければ、塩昆布を加えよう。

調理時間 **40** 分

孫が喜ぶ 炊き込みご飯

味つけ調味料

白だし
（少々）

水けを多くすれば
離乳食にもなります

材料

米…1合（180㎖）
鶏もも肉、しいたけ、しめじ、えのきだけ、ごぼう、にんじん、こんにゃく…各少々
水…約カップ3/4（160㎖）
酒…少々

1 米をとぐ。

といだ米は、ざるに入れた状態で15分ほど水に浸す。

材料を切る

鶏肉、しいたけ、しめじ、えのきだけ、ごぼう、にんじん、こんにゃくは、それぞれ細かく食べやすい大きさに切る（ごぼうはピーラーでささがきにするとなおよい）。

2 鍋に米を入れ、分量の水、酒、白だしを加える。

米1合に対して、水＋酒＋白だしで170〜180㎖にする。この水加減が重要。

3 残りの材料を加えて全体をざっくりと混ぜ合わせる。

強火で炊く。グツグツするまでゆっくりとかき混ぜたほうが、焦げつかない。

4 グツグツしてきたらふたをし、弱火にして13〜15分炊き、火を止める。

5 そのままの状態で5分ほど蒸らしてでき上がり。

調理時間 15 分

胃に優しい雑炊

味つけ調味料

白だし（少々）

うどんや鍋物の後、
もう少し食べたいときに

材料

- ご飯…茶碗1杯分
- 溶き卵…2個分
- 青ねぎ…1本
- うどんや鍋物の残りのつゆ…適量
- 水…適量

1 つゆが入った鍋にご飯を加え、ご飯がつかるくらいまで水を足す。

つゆはうどんや鍋物の残りでOK。

雑炊にあまり適さない残り汁もあるが、いろいろと試してみよう！

2 中火にかけ、グツグツしてきたら弱火にする。

3 溶き卵を手早く回し入れる。

4 食べやすい長さに切った青ねぎを加え、火を止める。

5 ふたをして2分ほど蒸らしてでき上がり。

パエリアもどき

調理時間 **40**分

味つけ調味料

固形コンソメスープの素（1個）

AJINOMOTO
コンソメ

炊き込みご飯に飽きたら、洋風に

材料

米…1合（180㎖）
玉ねぎ…1/4個
ウインナーソーセージ…2本
冷凍あさり（むき身）…5個
冷凍シーフードミックス…2つかみ
トマト…1/2個
ピーマン…1個
にんにく…1/2かけ
水…約カップ3/4（160㎖）
酒…少々
バター…少々

米
ピーマン
トマト
ウインナーソーセージ
玉ねぎ
にんにく
冷凍シーフードミックス&あさり

1 米をとぐ。といだ米はざるに入れた状態で15分ほど水に浸す。

材料を切る

にんにくはみじん切りに、玉ねぎとトマトは薄切りにする。ピーマンはへたと種を取り、薄い輪切りにする。ウインナーは小さな一口サイズに切る。

2 鍋にバターを熱し、にんにく、玉ねぎを入れて弱火で炒める。

3 ウインナー、あさり、シーフードミックスを順に加え、軽く炒め合わせる。

4 分量の水、酒、コンソメスープの素を加えて中火で煮る。

5 グツグツしてきたら、米を加えてざっくりと混ぜ合わせる。

6

弱火にして再度グツグツしてくるまで煮込む。

グツグツするまでゆっくりとかき混ぜたほうが焦げつかない。

7

グツグツしてきたらトマトとピーマンをのせ、ふたをして13～15分炊く。

8

火を止めて、そのまま5分ほど蒸らしてでき上がり。

土鍋活用術

土鍋の熱効率をうまく利用して
燻製や石焼き芋を作る。
本来の使い方から
ちょっと離れた土鍋活用術を紹介

SAKE
One
CUP
OZEKI

燻製3品

調理時間（1品）20分

安いチーズやウインナーが極上のおつまみに変身！

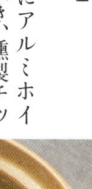

用意するもの

- ●割れても惜しくない安い土鍋
- ●土鍋に合う円形の金属製の網（今回は台所の排水口用の網を使用）
- ●燻製チップ（桜など）
- ●スモークパウダー（あれば）
- ●アルミホイル
- スモークする食材…チーズ、ウインナーソーセージ、ししゃも

燻製チップ

チーズ

スモークパウダー

ししゃも

ウインナーソーセージ

1 鍋底にアルミホイルを敷き、燻製チップを1つかみ入れる。

2 あればスモークパウダーを1つまみ加えてチップにまぶす。

3-1 チーズの場合は、底だけ銀紙を残して除く。

3-2 ししゃもの場合は、バットにキッチンペーパーを敷いて並べ、1日ほど冷蔵庫で放置して表面を乾かす（干物のような状態になる）。

4 食材ごとに燻す。食材はそれぞれ、くっつかないように間隔をあけて網の上に並べ、鍋に入れる。

5

ふたをして強火にかける。ふたの穴から煙が出てきたら弱火にする（または火を止める）。

6

ふたの上にアルミホイルをかけ、さらにぬらしたふきんなどをのせて煙が漏れないようにする。15～20分熱してでき上がり。

煙が出なくなったら、また火を強くしてもよい。

本格石焼き芋

調理時間 **50** 分

香ばしく焼き上がった本格派の味に妻も感激！

用意するもの

●アルミホイル

●小石

さつま芋…2本

さつま芋

1

鍋底にアルミホイルを敷き、その上に小石を敷き詰める。

2

小石の上にさつま芋をのせる。さつま芋が大きいときは半分に切る。

3

さつま芋にアルミホイルをかけ、ふたをして弱めの中火で10分熱する。

4

さつま芋を裏返し、再びアルミホイルをかけてふたをし、10分熱する。

5

4を3～4回繰り返してでき上がり。

火傷をしないように注意を。土鍋を洗うときは、熱い状態で水がかかると割れる可能性があるので、冷めるまで待とう。

ど根性 土鍋カステラ

調理時間 60分

土鍋いっぱいに膨らむびっくりカステラ

味つけ調味料

ホットケーキミックス（80g）

材料

卵…3個
牛乳…大さじ2
砂糖…60g

卵

1 卵は割って、白身と黄身に分け、白身は鍋に入れる。黄身は小さめのボウルに入れ、よく溶きほぐす。

2 白身に砂糖を少しずつ加えながら泡立て器でよく泡立ててメレンゲを作る。

3 「メレンゲ」は、卵の白身をふわふわに泡立てたもの。写真の状態まですするには、かなり力がいる。電動泡立て器があれば楽にできるが、できれば根性でがんばろう。

4 1の黄身に牛乳を加えてよく混ぜ合わせ、鍋のメレンゲに加えてさらに混ぜ合わせる。

ここで、オーブンを180度に予熱する。

5 ホットケーキミックスを加えてさっくりと混ぜる。

6 鍋の底を台などにトントンと軽く打ちつけて、生地の中の空気を抜く。

7 生地の表面に、竹串などで数本、筋を入れる（こうするとふわっと焼き上がる）。

8 １８０度のオーブンに鍋を入れて10分焼き、１５０度にしてさらに約30分焼く。

ドクター石蔵の「自炊」のススメ

料理ができない男性は、できる男性よりも寿命が短い!?

その症状、「認知症」ではなく「うつ病」かも?

気力が出ない、眠れない、頭痛、めまい、動悸がひどい……。定年後、このような原因不明の不調に悩まれている方はいませんか? もしかすると、それは〝うつ症状〟かもしれません。仕事から解放された定年後の男性は、旅行や趣味のゴルフ、釣りなどを満喫し、しばらくは第二の人生を謳歌するものの、次第に体調が悪くなり、うつ症状が出てくる場合があります。原因は「ストレスがないストレス」です。仕事のストレスがなくなると同時に、心の張りや生き甲斐もなくなってしまう。何のプレッシャーもないと、人はやる気を失ってしまうものなのです。

70歳を越えた人がぼんやりすることが多くなったり、記憶

健康問題等を原因・動機とした年齢別自殺者数

原因・動機	性別	～19歳	20～29歳	30～39歳	40～49歳	50～59歳	60～69歳	70～79歳	80歳～	年齢不詳	男女別合計	合計
身体の病気	男	11	57	123	218	546	983	884	579	2	3403	5075
	女	3	18	71	105	187	409	427	452		1672	
うつ病	男	27	384	629	731	727	619	364	143		3624	7020
	女	31	340	555	520	572	685	463	230		3396	
その他の精神疾患	男	15	110	126	105	87	93	60	44		640	1242
	女	17	81	110	89	62	89	74	80		602	
アルコール依存症	男		5	33	62	65	73	20	6	1	265	327
	女		6	15	15	13	10	3			62	
統合失調症	男	12	131	218	163	132	65	33	2		756	1395
	女	16	103	158	124	110	84	36	8		639	
身体障害の悩み	男		11	7	31	44	62	57	40		252	366
	女		2	9	8	9	27	27	32		114	
薬物乱用	男		6	11	1	3	3	1	2		27	46
	女		4	5	3	2	1	3	1		19	
孤独感	男	6	36	46	55	63	91	53	52		402	594
	女	7	11	13	19	25	26	28	63		192	
その他		8	35	31	27	36	65	60	69		331	331

数字は人数。「その他」のみ男女合計人数。　出典：警察庁生活安全局生活安全企画課「平成22年中における自殺の概要資料」より

力が低下すると、認知症だと考えてしまいがち。これらの変化は実はうつ病の典型的な症状であるにもかかわらず、**本人はもちろん、家族もうつ病であることに気がつかないまま、病院へ行かない人が非常に多いのが現状です**（認知症は75歳未満では1～2％しか発症しません）。

一方、60歳以上のアルコール依存症が急激に増加するというデータがあります。退職して自由な時間が増えることで、好きなお酒を昼間から飲めるようになったり、暇になったことで、手持ち無沙汰ゆえ、お酒を飲む量が増えるなど、気がついたときには、アルコール依存症になっていたというケースが多いようです。

「何もしない生活」が、死期を早める!?

また、あるデータを見ると、定年後の男性の自殺が意外に多いことを示しています。その理由は、この年代の男性は定年し、仕事から離れると同時に自分の社会的役割を見失い、強い孤独感と喪失感に苛まれてしまうため。常に役割を担ってきた男性にとって、定年後に何もしない生活は死期を早めてしまうものなのです。

そして、**一般的に妻に先立たれた男性は短命になりがちです**。その理由の一つが、最低限の家事ができないから。特に料理ができないと、人はたちまち衰えます。栄養面だけでなく、食事もろくにとらず、お酒で寂しさを紛らわすうちにアルコール依存症になっていた……という人も少なくありませ

悠々自適な人生を謳歌するための「昼食作り」

ん。洗濯は全自動洗濯機に、掃除はロボット掃除機に任せることができても、料理はそうはいきません。外食やケータリングである程度は補えますが、それでは自分が食べたいときに食べたいものを食べたい味つけで食べることはできません。

健康を維持するために料理をしましょう

料理は良い気分転換にもなるし、料理をすることで、妻に頼らず自立できている自分に自信が持てます。しかも、今まで料理したことがない人でもすぐに始めることができるし、その面白さも実感できるはず。つまり、**最低限の料理ができることは、自分自身の健康状態を維持するだけでなく、自分らしく生きるためにも必要不可欠なこと**なのです。

では、料理を始めるとすれば、何から始めればいいでしょうか。男の料理といえば、家族を驚かそうと、食材や道具に凝り、手の込んだ一品を作りがちです。けれど、材料費は膨大にかかり、調理後のキッチンはぐちゃぐちゃ……というのであれば、それは論外。結局は妻の手を煩わせるだけであり、そんな趣味的な料理は気まぐれな遊びと一緒で、やる意味がありません。なぜなら、多くの主婦にとって料理は毎日しなければいけない労働なので、男性が料理をする場合も、限られた食費内で毎日実行することが重要になってきます。

昼食を作ることで生活にリズムをつくる

まずは自分一人が食べる分だけの昼食作りから始めてみましょう。男性は現役時代、スケジュールを管理しながら生活をしてきました。しかし、定年後はそのスケジュールは常に空白状態。これが心の負担になっているのです。昼食を作るという日課ができれば、それまで空白だったスケジュールに、「買い物に行く」「昼食を作る」という予定が入ります。また、買い物に行くことで、定年後の出不精から外出する習慣ができ、社会と繋がる機会が増えてくるのです。

さらに、**昼食を作ることで、心の健康を取り戻し、病気がちの生活から脱出できるかもしれません**。

昼食を作らなければどうなるのかといえば、規則正しい生活をしなくなり、自堕落になる場合が多々あります。すると、一日中特にすることがなく、生活にも充実感が得られず、いらいらや孤独感、不安からお酒に手を出してしまいがちに。また、何時に起きてもいいので、体内時計は狂い放題。精神的にも落ち込みやすくなり、うつ病を発症する可能性も考えられます。また、不規則な生活になることから、睡眠障害になるケースもあります。ここでは極端なケースを挙げてはいますが、生活のリズムがなくなるということは、こういった症状を招きかねません。それを**回避する得策の一つとして、昼食作りがある**のです。

大切なのは、毎日続けること

では、男性が負担なく、毎日昼食を作るためにはどうすればいいか。そこで考えたのがこの本で紹介している〝土鍋一つで作る料理〟です。土鍋は調理道具であり、そのまま食器にもなります。ほかの鍋を使いませんから、片づけが簡単というメリットがあります。また、味つけ調味料は原則的に1種類。最近ではおいしいだしやスープの素があるので、そういった調味料を利用すれば、そこそこおいしい料理が作れます。

基本は家族に振る舞わず、自分一人が食べる分だけを作ること。多少まずくても誰に文句を言われる筋合いもなく、次に改善していけばいいのです。味の濃い、薄いも自分の好みに合わせて調理できますから、自分が食べたいものを自分好みの味つけで食べられる。自分の体の自然な欲求に合ったものが食べられるので、不満もなくなります。

そして、**昼食を作ることで、妻の負担を減らすことになり、家庭内での地位も多少は回復するはず**。さらには、定年後、身の回りのことができず、妻に依存していた夫が、きびきびと料理をこなすことで、定年前のような威厳が取り戻せる（かもです）。悠々自適な人生を謳歌する一つの方法が、昼食作りにあるのです。

男性の〝食の自立〟が妻の「夫源病」も治してしまう

男性が食で自立することは、自分自身の体の不調を回避できるだけではありません。実は妻である**女性にとっても、そのメリットは大いにあります**。それは何かといえば、「昼食うつ」。これは定年を迎えた夫を持つ女性がよくかかる病気なのです。

熟年離婚の原因「夫源病」

最近、中高年の間で、私が紹介した「夫源病」が話題になっています。その症状は頭痛、めまい、耳鳴り、高血圧など多種多様。更年期障害や不定愁訴と診断される場合がありますが、こういった症状を訴える人の中には、実は**夫との関係が引き起こすストレス性の症状＝夫源病だったというケースが多い**ことも。「定年後、家にいる時間が増えた夫に四六時中まとわりつかれる」「夫が子ども状態で『昼ご飯はまだか?』『あの服はどこへやった?』など、何もできないし、何もしない」「常に夫が家にいて自分に干渉してくる」など、夫に対しての不満、ストレスが積もり積もって、いつしか心身のバランスが崩れていろいろな症状を引き起こします。

知らず知らずに妻を襲う「昼食うつ」

こういった妻の病気の引き金となる男性を、〝ワシも族〟といいます。その名の由来は、暇を持て余しては、妻に同行しようとし、「ワシも連れていけ」とせがむことから。そんな〝ワシも族〟に悩まされる妻がよくかかるのが「昼食うつ」です。夫が定年になるまでは、平日に夫が家で昼食をとることはなかったため、妻は夕方、もしくは夜まで自由な時間を楽しめました。ランチは誰かと外で食べ、ショッピングや趣味など、自由を謳歌してきたのです。それが定年後は毎日口うるさい夫が家にいて、12時に昼食を、それも新しい料理を用意することを要求してくる。それまでは適当に残り物で昼食をとったり、あるいはおやつですませてきた妻にとってはかなりの心労に繋がるのです。しかも、昼食の後片づけをして外出しようとすると、「どこに行く?」「何時に帰ってくる?」と干渉され、妻のストレスは限界に。これが溜まりに溜まることで、うつ症状を引き起こしてしまうのです。

良好な夫婦関係を築いて豊かな老後を

しかし、**夫が昼食を作ることで、妻の負担は圧倒的に軽くなり、「昼食うつ」を予防することも可能になる**のです。今までのように、昼間に外出できたりと、自由な時間を取り戻せますから。また、夫も料理を作り出すと、買い物のめんどうくささや家事の大変さ、体調が悪い日でも料理をしなければならないつらさが理解でき、妻に優しく接することができます。そうすれば、**熟年離婚という危機に瀕することもなくなる**（はずです）。さらに、料理をすることを通じて、妻との会話が弾むきっかけも生まれます。

たかが昼食、されど昼食。男が料理をすることは家庭内で自立するだけでなく、良好な夫婦関係を築くうえでも重要なキーなのです。

妻にとって、もはや粗大ゴミ!?
あなたも〝ワシも族〟に
なっているのでは？

〝ワシも族〟度チェック

- □ 近所での人当たりはよいが、家では無口だ
- □ 夫が家事をするのは「手伝い」だと思う
- □ 妻の予定や行動をよくチェックしている
- □ 妻につい、つらく当たってしまう
- □ 妻の家事に手を出さないけれど口は出す
- □ 妻の外出によくついていく
- □ 妻子を養ってきたという自負がある

チェック数

3個以下＝とりあえずは大丈夫？
4～5個＝〝ワシも族〟の素質、充分です
6個以上＝要注意！　見捨てられるかも

石蔵文信 いしくら・ふみのぶ

1955年、京都府生まれ。循環器科専門医。大阪樟蔭女子大学学芸学部健康栄養学科教授。三重大学医学部卒業。国立循環器病研究センター、大阪警察病院などで勤務後、大阪大学大学院医学系研究科保健学専攻准教授を経て、現職。中高年男性に多いメンタル疾患と生活習慣病などを「男性更年期障害」として診察するための外来を、大阪、東京で持つ。「男性更年期障害」の治療に効果があるとして、男性が料理をすることを推奨し、不定期で料理教室を開催している。著書に『夫源病 こんなアタシに誰がした』（大阪大学出版会）、『妻の病気の9割は夫がつくる 医師が教える「夫源病」の治し方』（マキノ出版）、『57歳からの意識革命 人生を最後まで充実させるために』（双葉社）などがある。

ブックデザイン　三木俊一＋守屋 圭（文京図案室）
撮影　宮前祥子
イラスト　チャンキー松本
編集協力　野上知子
料理アシスタント　土屋 翼
撮影協力　大阪樟蔭女子大学

本書は、大阪大学出版会が作成した「Dr.石蔵の男の家庭科維新塾」を抜粋し、加筆・編集したものです。

講談社のお料理BOOK
60歳からの超入門書
男《おとこ》のええ加減料理《かげんりょうり》

2014年6月12日　第1刷発行
2014年10月23日　第6刷発行

著者　石蔵文信《いしくらふみのぶ》

発行者　鈴木 哲
発行所　株式会社 講談社
〒112-8001 東京都文京区音羽2-12-21
編集部 03-5395-3527
販売部 03-5395-3625
業務部 03-5395-3615
印刷所　大日本印刷株式会社
製本所　株式会社若林製本工場

ISBN978-4-06-299613-6